AF384662

DISCOURS

PRONONCÉ

PAR M. LE COMTE PORTALIS

VICE-PRÉSIDENT DE LA CHAMBRE DES PAIRS
PREMIER PRÉSIDENT DE LA COUR DE CASSATION

A L'OCCASION DU DÉCÈS

DE

M. LE BARON PORTAL

1846

BIBLIOTHÈQUE ROYALE

CHAMBRE DES PAIRS.

Séance du 27 juin 1846.

DISCOURS

Prononcé par M. le Comte Portalis, à l'occasion
du décès de M. le Baron Portal.

Messieurs,

Dès le début de cette session, durant le cours
d'une discussion solennelle, un Ministre du Roi,
que sa haute intelligence des affaires distingue, se
félicitait à cette tribune, d'avoir adopté, pour
régler sa conduite, dans la direction difficile du
département confié à ses soins (1) des *maximes
consacrées par l'autorité d'un Ministre dont la
France est fière à juste titre, d'un homme d'Etat
illustre qui a laissé dans cette Chambre un nom
honoré* (2). Un hommage si glorieux s'adressait à
M. le baron Portal.

Ces paroles, que les discours de divers orateurs
sont venus confirmer dans une autre enceinte lors
d'un mémorable débat sur l'administration de la

____

(1) M. Lacave-Laplagne.
(2) *Moniteur universel* du 17 janvier 1846.

marine, ne sont-elles pas le plus bel éloge de l'excellent et honorable collègue que nous avons perdu; et que peut-on ajouter pour célébrer sa mémoire, à ce double jugement, spontanément prononcé, dans les conseils de la nation, en faveur de sa doctrine et de ses œuvres ?

Toutefois ce qui devrait, peut-être, me décourager, me soutient. Si la douloureuse tâche qui m'est imposée par l'honorable confiance des siens devient plus facile, ce n'est pas une raison pour la déserter. Elle m'est échue à cause de ma vénération sincère pour un homme distingué entre tous, dans la vie publique comme dans la vie privée, par la droiture du caractère, la franchise du langage, la justesse des vues, la cordialité des manières, la parfaite harmonie de ses qualités : elle m'est échue encore, il doit m'être permis de le dire, à cause de la bienveillante amitié dont il m'honorait, et qui m'a rendu plus particulièrement sensible une perte si justement sensible à tous : rien ne saurait donc m'empêcher de remplir un mandat dont je suis fier et qui est cher à mon cœur.

M. le baron Portal vous est connu, Messieurs : durant seize ans, il porta dans vos délibérations cet esprit d'analyse, d'ordre, de clarté, de précision qui constituait son génie.

Il l'appliqua, avec puisssance, à la solution de ces questions vitales de la société moderne qui touchent au développement du travail et de l'industrie, à la formation et à la circulation des capitaux, à ces progrès toujours croissants de la richesse mobilière qui déplacent l'influence et modifient la constitution de la propriété. Cependant ce n'est pas au milieu de vous que M. Portal a fourni la plus notable et la plus utile partie de sa carrière. Il est venu s'asseoir à la Chambre des Pairs armé de toutes pièces, comme, à Rome, ces personnages consulaires qui, précédés par la renommée d'une bonne administration et accompagnés de l'acclamation publique, riches d'observations et d'expérience, apportaient au sénat le trésor de leurs connaissances pratiques. M. Portal était Pair désigné par l'opinion publique, avant d'avoir été élevé à la Pairie par le choix éclairé du Monarque.

Notre devoir est de remettre sous vos yeux la voie qui l'y a conduit.

M. Portal faisait partie de ces générations, appelées par la Providence à subir, durant l'âge viril, l'épreuve redoutable du renouvellement social de 1789 et, destinées dans la chaîne des temps, à lier *le grand destin qui s'achevait* avec le 18e siècle, *au grand destin qui commençait* (1) pour la France et le monde entier avec le 19e. Les hommes de cette époque et de cet âge eurent des vocations et des fortunes diverses ; mais ceux d'entre eux auxquels il fut donné d'échapper aux périls qui les assaillirent, et de servir utilement leur pays, durent être éminemment doués.

Comme ces navigateurs que l'audace de leurs chefs et une prédestination divine lancent sur des mers jusqu'alors ignorées et sous des cieux incon-

____

(1) CORNEILLE.

nus, il leur fallut braver les écueils, résister aux flots et surmonter les tempêtes.

Toutefois, il faut remonter plus haut afin de les bien connaître. Sans déterminer exactement le point d'où ils sont partis, comment apprécier avec justesse le chemin qu'ils ont fait et le mérite de leurs succès? N'est-ce pas, en effet, de la position sociale de sa famille, des circonstances morales, politiques et religieuses contemporaines de sa naissance, que résulte pour l'homme cette éducation native et spontanée qui, la première en date, l'emporte presque toujours sur l'éducation imposée ou officielle? N'est-ce pas elle qui dirige les premiers mouvements de notre âme, y dépose le germe de nos opinions, et détermine le cours de nos idées?

Issu de parents protestants, Pierre-Barthélemy Portal naquit le 31 octobre 1765, dans une propriété rurale que son père habitait à Albarèdes, près de Montauban. Les persécutions religieuses, après avoir détruit la fortune de sa famille, originaire des Cévennes, l'avaient contrainte à s'expatrier. Nourri dans les sentiments et la foi de ses pères, il vint cependant faire ses études au collége des jésuites de Montauban. La situation des protestants en France, à cette époque, les isolait au milieu de la société.

Ils formaient comme un peuple à part ; comme une nation dans la nation ; mais ce n'était point une nation étrangère. Ces Français qu'une législation tyrannique reniait, ne reniaient point leur patrie. Toutefois l'injustice des lois avait amené l'indépendance des esprits. Ces hommes, auxquels l'autorité politique refusait le droit de cité, dégagés des préjugés de caste, de profession et de société qui prorogent artificiellement l'existence des institutions usées par le temps, vivement pénétrés, parce qu'ils étaient opprimés, de ces idées généreuses de liberté, de fraternité, de bien public dont le règne approchait, vivaient dans l'espérance de les voir enfin triompher.

Un commencement de réparation commandé par la piété éclairée du Roi Louis XVI, et le soulèvement de la conscience publique contre un système déplorable, étaient venus les encourager.

C'est dans cette disposition d'esprit que le jeune Portal quitta le foyer paternel, en 1783, pour venir relever à Bordeaux la fortune de sa famille. Les Français de la religion réformée, qu'un juste sentiment de dignité personnelle révoltait contre les conditions placées, pour les leur interdire, à l'entrée de toutes les carrières, étaient en quelque sorte voués à l'exercice d'une seule profession; le commerce. Le père du jeune Portal qui avait sept enfants et dont le modique patrimoine ne pouvait suffire à les doter, le plaça chez un armateur.

Les armements maritimes sont peut-être la plus noble partie du commerce. Pour s'y livrer avec succès et s'y faire un nom, il faut unir à de vastes connaissances des sentiments généreux.

L'armateur est une sorte de médiateur entre les nations; il n'est ni le facteur ni le commissionnaire d'une seule, il est l'auxiliaire de toutes. Ses spéculations sont souvent des bienfaits publics. Il a besoin de connaître les divers rapports des nations entre elles, les nécessités de leur politique, leur système économique. Sa plus grande habileté consiste à faire tourner les calculs de son intérêt personnel au profit de l'utilité générale : une telle profession convenait admirablement au jeune Portal dont l'âme était élevée, l'esprit étendu et capable de fortes études.

Il n'avait pas vingt-quatre ans, et déjà à la tête d'une maison d'armements maritimes accréditée, il fixait la fortune et obtenait une juste renommée. C'était une des époques les plus florissantes du commerce de Bordeaux.

La paix avec l'Angleterre rouvrait, à nos trafiquants, ces mers lointaines que notre marine venait de parcourir avec gloire. Créateur de ces États naissants qui surgissaient dans l'Amérique du Nord, et prenaient rang parmi les couronnes, le commerce était l'objet de l'attention générale. Ce nouvel élément de la politique, désormais son premier intérêt, s'emparait des méditations de tous les hommes d'État. Les philosophes du jour écrivaient l'histoire des établissements commerciaux dans les deux mondes ; les écrivains politiques jetaient les fondements de la science économique ; nos colonies étaient à leur apogée ; une vive émulation vivifiait nos ports ; nos vaisseaux de commerce se montraient sur tous les rivages, et, dans nos villes maritimes, d'abondants capitaux secondaient les efforts de nos négociants.

Ces années, d'une féconde activité, furent favorables à M. Portal. Les forces de son intelligence s'accrurent avec les profits de son négoce. Un rare talent d'observation, l'heureux don d'apprécier avec justesse les choses et les hommes, la faculté précieuse de généraliser ses idées, formaient son plus riche capital; il l'exploita avec habileté. Pendant cette période, le négociant habile, clairvoyant, studieux, préparait en lui l'homme d'État, le grand administrateur.

Mais il n'était pas en son pouvoir de conjurer les tempêtes politiques. La tourmente révolutionnaire rendit vains les calculs de sa prudence; la mauvaise fortune pouvait le ruiner, mais non l'abattre; il était de ceux qui tiennent tête à l'adversité. Du moment où l'horizon sembla s'éclaircir et dès 1796, il se remit à l'œuvre avec la même ardeur et plus d'expérience: le fruit de ses méditations lui restait. Cette partie de son avoir était indépendante des événements. Le succès couronna ses nouveaux efforts, et sa considération s'accrut avec ses affaires. Il y puisa ces connaissances pratiques, qui donnent à l'homme d'État comme une *seconde vue* et le font agir avec décision. Ses malheurs récents l'avaient averti que le juste discernement des rapports politiques et commerciaux des nations, et l'appréciation exacte de la situation des esprits et des choses dans son pays, ne sont pas moins nécessaires au spéculateur qu'à l'homme politique qui gouverne et administre l'État.

Il déduisit de ses recherches en ce genre, de l'étude approfondie des faits, ces principes de gouvernement si nets, si sains, si appropriés aux besoins de l'époque, qui devinrent plus tard l'âme de sa conduite. Si le bonheur de les faire prévaloir lui fut refusé, il n'eut pas à se reprocher d'avoir négligé une seule occasion de les rappeler. Avec un zèle obstiné et une constance que rien ne pouvait lasser, il les remit, sans cesse, sous les yeux d'un Prince placé bien près du Trône, et qui l'honorait d'une confiance malheureusement stérile, mais qui ne s'est jamais démentie.

Le 18 brumaire fut pour la France une époque de restauration sociale. Aucun des besoins du corps politique n'échappa au génie du Premier Consul. En 1802, des conseils de commerce furent créés dans nos villes principales. M. Portal était membre-né de celui de Bordeaux. Du jour de l'installation de ce conseil jusqu'en 1811, il ne cessa d'en faire partie que durant les intervalles prescrits par la loi. Pendant le même temps, les fonctions également gratuites de juge au tribunal de commerce et d'adjoint de la mairie de Bordeaux lui furent décernées. Chaque jour, chaque occasion le grandissaient dans l'estime de ses compatriotes. Partout et sans cesse il se faisait remarquer au nombre des plus éminents et des plus actifs. Ses nombreux travaux frappaient les esprits par la sagesse et la sagacité des vues, la méthode et la clarté de l'exposition.

A l'époque des négociations d'Amiens, le conseil de commerce de Bordeaux fut consulté sur la convenance et l'utilité qu'il pourrait y avoir, pour la France, de conclure avec l'Angleterre un traité de commerce, et sur les résultats et les conséquences du traité de 1786. Chargé de répondre à ces graves questions, M. Portal composa un mémoire dont le temps a rehaussé la valeur, et que la chambre de commerce de Bordeaux a jugé, en 1844, digne des honneurs de la réimpression. Ce document remarquable pose, avec une exactitude rigoureuse, les données du problème, et les résout, avec franchise et fermeté, dans le sens des intérêts essentiels et permanents de notre pays.

Lorsque la guerre éclata subitement entre la France et l'Angleterre, un règlement qui proportionnât le montant des primes d'assurances maritimes, aux risques, devint indispensable, M. Portal le rédigea. Ce travail, dicté par l'observation et l'expérience, est demeuré comme un modèle.

Grâce à l'audace du commerce maritime, la guerre même la plus acharnée ne prive pas entiè-- rement les nations des avantages de la paix. Les armateurs empruntent alors aux neutres leur pavillon et leurs droits. A l'aide d'une louable et courageuse simulation, les relations entre les diverses nations du monde ne sont pas totalement interrompues. C'est ainsi que l'on procédait généralement à Bordeaux après la rupture de la paix d'Amiens. Or il advint qu'un grand nombre de bâtiments américains furent arrêtés en mer, conduits à Saint-Sébastien et condamnés. Leurs cargaisons, pour la plupart, appartenaient à des négociants bordelais. M. Portal fut député, par eux, auprès du Gouvernement, pour obtenir la remise de leurs propriétés. Comme il partait pour Paris, l'Empereur venait de notifier, aux divers conseils de commerce, l'ordre d'y envoyer leurs délégués afin de constituer une sorte de représentation commerciale, sous la présidence du Ministre de l'intérieur. Cette nouvelle mission fut ajoutée à la première, et M. Portal revêtu d'un caractère public.

Ici commencent pour lui de nouvelles destinées. Afin que tout fût d'accord dans sa vie, ce fut par le conseil général de commerce qu'il entra dans la carrière politique.

On était en 1811 : la France et l'Europe avaient changé de face. Les faveurs constantes de la fortune, les enivrements de la victoire, les fascinations et l'esprit de vertige inséparables de l'exercice du pouvoir absolu avaient transformé Napoléon. Ce n'était plus au vainqueur bienfaisant, qui, par les traités de Lunéville et d'Amiens, avait donné la paix au monde, au législateur sage et prévoyant, qui, en 1802, avait si heureusement réconcilié la France avec le ciel et avec elle-même, et qui, en 1804 et 1806, l'avait dotée des meilleures lois civiles et commerciales que les circonstances pussent comporter ; c'était au dominateur de l'Europe, au dispensateur des couronnes, à celui devant lequel se taisaient les peuples et les lois, que M. Portal allait être présenté.

Il arrivait à Paris, comme à Rome le paysan du Danube, ignorant le langage de la nouvelle Cour. Il crut s'apercevoir qu'il déplaisait, en parlant, sans inconvenance sans doute, mais aussi sans ménagements. Ses vives réclamations en faveur du commerce de Bordeaux ne furent point écoutées. Dans les fréquentes discussions qui s'engagèrent à cette occasion, il soutint avec fermeté des doctrines opposées à celles du Gouvernement. Séparé de sa famille et de ses affaires, le séjour de Paris ne lui eût paru supportable que s'il eût jugé sa présence utile à l'intérêt de ses commettants. Il demanda formellement à être remplacé; le Ministre de l'intérieur temporisa. En proie à une pénible anxiété, M. Portal attendait avec impatience la permission de retourner dans ses foyers, quand un décret impérial le fit entrer au conseil d'État en qualité de maître des requêtes.

Quoique l'Empereur ne provoquât plus la contradiction comme en ses premières années, qu'il ne la supportât même plus sans quelque mécontentement, il en savait toujours le prix. Son génie pâlissait en présence des questions de commerce, de crédit et d'industrie, aussi lui déplaisaient-elles, et il en eût volontiers nié l'importance. Sur ce terrain, il se défiait de lui-même, presque de tous, tant il craignait de n'y rencontrer que des conseils intéressés.

Il ne faut donc pas s'étonner qu'il tâcha de s'attacher un homme du caractère de M. Portal. Mais l'honneur d'être directement consulté par l'arbitre des destinées de l'Europe ne compensait pas pour lui les privations que lui imposait sa nouvelle position. D'ailleurs, ses conseils ne prévalaient pas, le mal qu'il eût prévenu aurait probablement soutenu son courage, mais des efforts sans succès le laissaient sans consolation. Il sollicita avec obstination la faveur de rentrer dans la vie privée; il l'obtint à la fin de 1813.

Il était trop tard : un de ces moments était venu où les bons citoyens ne s'appartiennent plus.

La victoire, infidèle à nos drapeaux, trahissait la bravoure et la constance de nos guerriers. La main de la Providence se retirait visiblement. A la tête d'une armée dévouée, avec une infatigable activité, le plus grand capitaine des temps modernes disputait pied à pied le sol de la patrie à d'innombrables ennemis. Ses revers étaient des triomphes; mais de tels triomphes ne pouvaient sauver que la gloire. Les frontières méridionales de la France, qui depuis tant d'années n'avaient vu la fumée du camp de l'ennemi, étaient envahies. L'Empereur ne pouvait oublier M. Portal au jour du danger : il l'envoya en qualité de commissaire civil à l'armée que M. le Maréchal duc de Dalmatie ramenait d'Espagne.

M. Portal remplit sa mission en homme d'honneur et en bon Français. Partout on le vit attentif à prévenir l'insurrection et à maintenir l'ordre. La veille du jour où M. le duc d'Angoulême entrait à Bordeaux, M. Portal en sortait avec l'armée, les fonctionnaires et les magistrats. Après que l'abdication de l'Empereur lui fut connue, il se retira en Touraine, chez un ami qui avait déjà recueilli sa famille. A l'entendre raconter ces choses avec calme et simplicité, on juge de la sérénité de son âme. Tout entier à ses devoirs d'homme et de Français, il n'appartenait ni à Pompée ni à César : il n'appartenait qu'à la patrie.

Les hommes de ce caractère sont les meilleurs conseillers des gouvernements qui commencent; ils les aident à se naturaliser dans le pays.

Dès qu'il organisa ses conseils, par une heureuse

inspiration, le Roi Louis XVIII rétablit M. Portal dans ses fonctions de maître des requêtes. Mais celui-ci, qui naguère aspirait avec tant d'ardeur à les abdiquer, était loin de les ambitionner en ce moment. Il obéit toutefois pour donner l'exemple et faire le bien s'il en trouvait l'occasion ; il n'en persista pas moins dans l'inébranlable résolution de profiter de la première occasion pour rentrer dans sa famille et dans sa ville.

Il n'en eut pas le temps. Étrangère parmi nous au point de ne tenir aucun compte des changements qui s'étaient opérés dans les idées et les habitudes de la nation, la Restauration disparut devant une apparition. La France, qu'elle n'avait point comprise, ne fit aucun effort pour la retenir ; elle la laissa se retirer, non sans inquiétude, devant le formidable exilé de l'île d'Elbe, qui, s'il avait perdu sa confiance, parlait au moins son langage.

Cependant M. Portal ne s'était point démenti : l'œil ouvert sur les périls qui menaçaient l'État, le 10 mars 1815, dans une note adressée à l'homme qui possédait alors l'entière confiance du Roi (1), il indiquait la fidèle exécution *des hautes et nécessaires transactions qui avaient été consacrées par la Charte*, et le soin religieux de réunir les partis pour la défense de l'honneur national et des libertés publiques, comme les seuls moyens efficaces de sauver la cause royale.

Ces conseils sont rappelés ici pour mémoire. Ils

____

(1) M. de Blacas.

témoignent du caractère de M. Portal, de la rectitude de son jugement et de sa conduite. Plus tôt, ils n'eussent pas été accueillis; alors on s'y serait conformé en vain. C'était plus tard qu'il aurait fallu s'en souvenir. Ce ne fut pas la faute de M. Portal s'ils furent mis en oubli.

De nouvelles épreuves l'attendaient. Napoléon le comprit au nombre de ses conseillers d'État. M. Portal ne crut pas devoir accepter ; il fut mandé aux Tuileries : *Est-ce que vous voulez me déclarer la guerre?* lui dit l'Empereur. — *Sire, je n'ai pas une armée à mes ordres, et si je l'avais, je l'emploierais à la défense de mon pays.* — *Mais pourquoi donc ne voulez-vous pas rentrer dans mon conseil?* — *Sire,* répondit M. Portal, *je n'ai abandonné la mission que vous m'aviez confiée qu'après l'abdication de Votre Majesté. Sans que je l'eusse demandé je fus compris dans le conseil d'État de Louis XVIII. Je lui ai prêté serment ; il n'a pas abdiqué, et je vous supplie de permettre que je fasse pour lui ce que j'avais fait pour vous.*

L'Empereur ressentit un mouvement de colère; mais cette colère ne dura pas. Il croyait avoir besoin de M. Portal; il voulut le reconquérir. Le 14 avril 1815, une lettre du Ministre de l'intérieur, M. Carnot, informa M. Portal que l'Empereur était disposé à le nommer maire de sa *bonne ville de Bordeaux.* M. Portal répondit qu'il ne convenait pas à la place et que la place ne lui convenait pas.

L'histoire aura peine à suivre la succession rapide des événements qui remplirent le siècle des Cent-Jours. Une seconde invasion, une seconde restauration placèrent la France de 1815 à une immense distance de la France de 1814. Le territoire militairement occupé, la nation désarmée, le Gouvernement en tutelle sous une dictature étrangère, l'administration asservie, la juridiction partagée ne laissaient à la nation qu'une ombre d'indépendance; et cependant les citoyens frémissants avaient le sentiment de leur force, et les soldats étrangers, peu rassurés par leur nombre, se défiaient de la leur, et foulaient avec inquiétude une terre qui les portait à regret.

Le règne de Louis XVIII recommençait sous de bien douloureux auspices; le premier acte de son Gouvernement fut la formation d'une commission chargée de pourvoir aux besoins de l'armée qui bivouaquait dans Paris. M. Portal fut l'un des trois membres (1) qui composèrent cette commission. De telles fonctions requéraient de l'habileté, de la patience et de la résolution. Les exigences, les difficultés, les *crève-cœur* de toute nature (c'est l'expression de M. Portal) rendirent cette mission horriblement pénible. Cependant le zèle et le bon esprit des commissaires tempérèrent les amertumes de la situation. Les premiers besoins furent satisfaits, les collisions sanglantes évitées, et peu à peu le Trésor public se trouva moins dégarni. La tâche accomplie et la commission dissoute, le

---

(1) Les deux autres étaient le comte Corvetto, depuis Ministre des finances, et le baron de la Bouillerie.

baron Portal fut appelé à la direction supérieure des colonies. Il n'accepta qu'à la condition de ne recevoir aucun traitement et de ne s'engager que pour un temps limité.

Le doux souvenir du foyer domestique était toujours devant ses yeux ; mais la Providence, cette maîtresse des destinées humaines, avait d'autres desseins sur lui. Les Puissances, liguées contre la France, traitaient d'*elle, chez elle,* à la vérité *avec elle ;* mais avec elle, privée de ses défenseurs, envahie par les armées des Souverains alliés contre elle, et dont les généraux, transformés en négociateurs, dictaient les volontés. Un homme qui ne savait point désespérer du salut de la patrie, le duc de Richelieu, avec une courageuse résignation, avait accepté le rude et pénible devoir d'atténuer les déplorables conséquences du désastre de Waterloo. Il associa M. Portal à sa triste et cruelle tâche. Il est difficile de se faire une idée de tout ce qu'il fallut de patience et de fermeté pour opposer une digue à des prétentions injustes, immodérées, impolitiques et qui allaient jusqu'à l'impossible.

Durant le cours de ces difficiles travaux, un de ces hommages involontaires qu'arrache la vertu et qui témoignent de l'empire naturel d'un beau caractère sur toutes les âmes, vint tout à coup relever celle de M. Portal, courbée sous le poids des malheurs publics.

Au nombre des questions que M. Portal était chargé de traiter avec lord Castlereagh, il s'en présenta une qui pouvait être décidée péremptoirement en faveur de la France, sur la représenta-

tion d'un acte déposé au ministère des affaires
étrangères. M. Portal l'avait tenu entre ses mains ;
il s'en était prévalu dans la négociation. Au moment décisif, la pièce se trouva égarée. M. Portal,
désolé , se présente les mains vides devant le
négociateur anglais ; son embarras était extrême.
« Il me semble, disait-il à cette occasion, bien des
« années après l'événement, que j'ai devant moi
« cette longue figure de lord Castlereagh, pâle, si-
« lencieux , immobile. Avant de parler, Milord
« ouvrit sa boîte, prit du tabac, puis se redressant,
« il dit : « M. le duc de Richelieu a vu la pièce,
« il assure qu'elle contenait ce que vous avancez : *la*
« *parole de M. de Richelieu vaut un acte.* Que
« concluez-vous de cette pièce ? » La discussion
s'ouvrit, une solution favorable intervint. Quelques jours après le papier se retrouva, mais lord
Castlereagh ne l'avait pas attendu : la parole du
duc de Richelieu avait suffi. Ne croit-on pas lire
une des Vies de Plutarque et assister au triomphe
d'un de ses héros?

Cependant M. Portal était au terme de ses forces, le temps pour lequel il s'était engagé expirait.
Il pria le Roi de le rendre enfin à lui-même et à sa
famille. Il obtint son congé, mais à la condition
d'aller présider le collége électoral de Montauban
qui venait d'être convoqué. C'était le désigner au
choix des électeurs. Le langage franc et loyal de
M. Portal lui concilia les suffrages ; il fut élu
Député.

Il revint donc à Paris, et dans la Chambre il se
plaça au centre droit, donnant ainsi, d'un côté, la

2

main à la monarchie, de l'autre à la liberté; et religieusement convaincu que la fidèle exécution de la Charte pourrait les réunir et les faire marcher ensemble. Il s'associa à ceux de ses collègues animés des mêmes sentiments; ils examinèrent ensemble la situation du pays et la position du Cabinet. Organe d'une réunion nombreuse et respectable, il fut chargé d'assurer les Ministres que ses amis, et lui, étaient disposés à appuyer la politique jusqu'alors suivie par le Gouvernement.

Sa surprise fut extrême, quand à la réception d'une communication si importante, les deux Ministres, considérés à juste titre comme les chefs de l'administration, le renvoyèrent froidement de l'un à l'autre.

C'est que le Ministère se dissolvait et se reconstituait. On avait disposé de M. Portal sans son consentement. Le maréchal Gouvion-Saint-Cyr l'en informa, en présence du général Dessoles, du baron Louis et de M. de Serres. On destinait le ministère de la marine à M. Portal, il refusa. *Je ne suis pas propre*, dit-il, *à être Ministre, et certainement je ne serai pas Ministre de la marine. — J'aime à espérer que ce n'est pas là votre dernier mot*, reprit le général Dessoles, président du conseil désigné. — *C'est mon dernier mot*, répliqua M. Portal, et il se retira. Il alla tenir conseil avec ses amis. Le Roi intervint; M. Portal fut appelé au château. Il nous raconte que sa respectueuse déférence pour le Roi et le sentiment sincère de son insuffisance s'emparaient tour à tour de son esprit, et l'accablaient. *Il fai-*

sait *très-grand froid ; son front ruisselait de sueur. Le Roi eut la générosité de le faire asseoir.* M. Portal développa les motifs qui déterminaient son refus. Après l'avoir écouté avec une patiente bienveillance, le Roi lui ordonna de prendre le portefeuille de la marine.

L'année 1818 finissait quand M. Portal fut installé.

On a peine à se représenter aujourd'hui les obstacles qu'il fallut vaincre pour formuler, durant les premières années de la restauration, les budgets qui devaient servir de base à l'édifice des finances du Gouvernement constitutionnel. Le Pouvoir était chancelant et mal affermi, toutes les natures d'obligations onéreuses, tous les fardeaux réunis pesaient sur le Trésor public. Il s'agissait de familiariser des hommes, qui jusque-là s'étaient abstenus des affaires ou qu'on en avait tenus éloignés, avec des choses dont ils n'avaient pas l'idée, ou qu'ils n'envisageaient qu'avec défaveur et défiance. Il leur semblait toujours qu'on les employait à reconstituer l'Empire, tant ils avaient pris en dégoût et en aversion tous les moyens de gouvernement et tous les instruments administratifs. On n'avait pas seulement à les éclairer, mais à combattre les préventions qui les maintenaient dans leur ignorance : car l'éloignement qu'ils ressentaient pour les personnes les empêchait de se rendre à la force des arguments.

Le budget du département de la marine, qui montait à 125 millions sous l'Empire, était descendu à 45 millions. Le discrédit inconcevable dans lequel la marine était alors tombée peut seul expliquer un tel degré d'abandon. Le rôle malheureux et secondaire qu'elle avait joué sous Napoléon était présent à tous les esprits; on ne croyait plus à son avenir : on soutenait hautement que toute lutte avec l'Angleterre, flotte contre flotte, était impossible désormais, et qu'on ne pourrait lui résister, avec succès, pendant la guerre, qu'en poursuivant ou désolant, sur toutes les mers, sa navigation commerciale. On en était venu à ce point qu'un publiciste (1), à cette époque, fort écouté et passablement populaire, ne craignit pas de publier un livre pour démontrer, à la France et à son Gouvernement, qu'il serait d'une bonne administration et d'une saine politique de vendre, aux enchères publiques, les coques de nos vaisseaux de guerre et les approvisionnements de nos arsenaux. Faire sortir la marine d'un tel état, c'était la tirer du néant. Ce fut l'œuvre patriotique à laquelle se dévoua M. Portal.

Il s'appliqua d'abord à démontrer que si l'on avait la prétention de retracer, au moins quelque ombre de l'ancienne marine française, dans la nouvelle, l'allocation qu'on lui accordait était dérisoire, et, qu'elle constituait une véritable dissipation des deniers publics si l'on renonçait à toute marine militaire. Il parvint à faire comprendre que, dans le nouvel état des choses, la marine était pour la France un instrument de puissance et un moyen de prospérité, et qu'il fallait ou la sup-

____

(1) M. de Pradt.

primer pour cause d'économie, ou proportionner sa dotation sinon à la grandeur du Pays et à ses besoins, au moins à ses ressources financières.

Dans ce but, il annonça, pour l'année suivante, un budget dont les développements et les tableaux mettraient les Chambres en état de statuer, avec connaissance de cause, sur le sort définitif de cette partie importante du service public. Il se prépara, par de longs et consciencieux travaux, à l'accomplissement de sa promesse (1).

En préparant le plan d'une nouvelle organisation de la marine française, il se tint constamment en présence de la puissance maritime de l'Angleterre, de ses vieilles inimitiés, de la jalousie qu'ont de tout temps excitée chez elle les progrès de notre industrie, de notre commerce, de notre influence politique. Il se proposait de constituer une force navale qui pût servir de point d'appui et de lien commun aux Puissances maritimes du second ordre; qui fût propre à rallier leurs sympathies, à nous assurer leur concours, et à nous donner ainsi, dans les affaires du monde, la juste part que réclament les intérêts de la civilisation et les nôtres.

Le plan de M. Portal rencontra de vives résistances; il fallut les surmonter. Il ne pouvait conserver honorablement la direction du service qui lui était confié qu'autant qu'il deviendrait utile à

---

(1) MM. les vice-amiraux Halgan et de Mackau, et M. Boursaint l'assistèrent dans cette besogne importante. Les deux premiers avaient toute sa confiance et s'associèrent à tous ses efforts.

l'État : il le déclara hautement. Le Roi l'assura de son appui.

Le budget fut présenté à la Chambre des Députés. C'était pour la marine une question de vie ou de mort. La commission était peu favorable au Ministère. Heureusement M. de Villèle, alors chef de l'opposition, mais ancien officier de marine, et qui avait longtemps habité l'île de Bourbon, vint en aide à M. Portal. Il s'associa à ses idées et les appuya : c'est une justice qui lui est due et un honneur qui lui revient.

Au lieu de 45 millions, le Ministre en demandait 65, dont 59 pour la marine proprement dite et 6 pour les colonies. Cette augmentation de 20 millions ne devait pas figurer en entier dans l'exercice suivant : elle devait s'effectuer graduellement d'année en année. Continuée pendant onze ans, elle devait donner à la France une flotte de *trente-huit* vaisseaux de ligne, de *cinquante* frégates, et d'un nombre proportionné de bâtiments de force inférieure.

Au reste, le langage du Ministre était énergique et concluant. Il déclara que les 45 millions accordés chaque année à la marine étaient un sacrifice gratuit, et qu'ainsi, depuis 1815, 270 millions avaient été déboursés en pure perte. « Je l'affirme sans hé-« siter, » ajoutait-il, « notre puissance navale est « en péril ; les progrès de la destruction s'étendent « avec une telle rapidité, que si l'on persévérait « dans le même système, la marine, après avoir « consommé 500 millions de plus, aurait totale-« ment cessé d'être en 1830 : c'est dire assez qu'il

« faut abandonner l'institution pour épargner les
« dépenses, ou augmenter les dépenses pour main-
« tenir l'institution. »

Ces paroles franches et explicites exercèrent
une juste influence. Le budget de M. le baron
Portal fut voté et prit le nom de *Budget normal
de la marine.* Sous le poids des préoccupations de
toute nature qui dominaient les esprits et des
charges qui grévaient les finances, c'était un immense succès que d'avoir tracé, d'une main ferme
et hardie, les conditions, et commencé la recon-
struction de notre établissement naval.

Sans doute les expéditions d'Espagne, de Morée
et d'Afrique sont venues en interrompre et en
troubler l'exécution. C'est le sort de tous les pro-
grammes. Ils sont fondés sur la présomption que
les événements suivront leur cours naturel ; mais
les choses vont rarement ainsi. Il est peu de dépenses sur lesquelles on doive plus compter que
sur celles qui n'entrent point en ligne de compte.

Rien n'est plus inévitable dans les affaires humaines que l'imprévu ; l'imprévu, c'est le domaine
de la fortune ; et si l'homme d'Etat ne doit rien
laisser à la fortune de ce qu'il peut lui ôter, il doit
savoir que, de son côté, elle se réserve les chances
nombreuses qu'amènent les aberrations de l'intelligence, l'aveuglement des passions, les déviations
quelquefois si accablantes des lois de la nature.

Toutefois, ce qui avait été promis et prévu
fût exécuté et s'est accompli dans une certaine mesure, et comme il appartient aux œuvres humaines
de s'accomplir : c'est la gloire de M. Portal, son

véritable titre d'honneur, celui qui doit à jamais illustrer sa mémoire.

Il y avait à cette époque, dans l'administration dont M. Portal était chargé, d'autres difficultés à surmonter. Le découragement régnait dans le corps de la marine. La fusion des anciens officiers et des nouveaux avait peine à s'opérer. Entre ceux qui avaient quitté le service, ou même la patrie, pour suivre les Princes à l'étranger, et ceux qui étaient restés sous le pavillon français, il existait des causes permanentes de division. Les faveurs accordées aux uns blessaient les autres. La fiction qui assimilait au service actif, le temps écoulé dans l'inaction et l'exil, n'était pas facilement admise par ceux auxquels elle ne profitait pas. Les faits témoignaient contre elle, et de funestes accidents prouvaient que les années d'une fidélité honorable, sans doute, mais oisive, avaient été perdues pour l'expérience. Les altercations et les plaintes se renouvelaient sans cesse, et le service en souffrait. M. Portal entreprit de rapprocher les esprits, de résister aux prétentions, de calmer les mécontentements; il n'y serait jamais parvenu, s'il n'eût su se ménager la bienveillance du Roi et surtout l'appui de M. le duc d'Angoulême, alors Grand-amiral. Mais certain de n'être pas désavoué, il brava courageusement la malveillance de l'esprit de parti et d'intrigue et ses suggestions perfides. Le succès justifia sa conduite et couronna ses efforts; au silence triste et morne avec lequel se faisait le service dans les ports et sur les vaisseaux, succédèrent la confiance, le contentement et l'activité qui en est la suite.

Des officiers d'un mérite éminent se tenaient à l'écart ou avaient donné leur démission : M. Portal les ramena ; le premier et le plus considérable de tous, fut l'un de nos plus illustres collègues, M. l'Amiral Roussin. C'était avec lui en particulier que M. Portal s'occupait des révolutions incessantes qui tourmentaient l'Amérique du Sud, de l'avantage qu'en tirait l'Angleterre, et de celui qui pourrait en résulter pour la France, presque oubliée au delà des mers, si elle pouvait y apparaître subitement d'une manière digne d'elle. M. Roussin partit pour l'Amérique, entra en communication avec Bolivar, et réunit de précieux et nombreux renseignements. Le travail qu'il présenta au Gouvernement, non moins remarquable par la justesse des aperçus, que par la richesse des informations, contenait une appréciation complète de l'état de ces contrées.

L'esprit de M. Portal, à la lecture de ce travail, conçut une idée généreuse et féconde. Des spéculations économiques et politiques lui firent embrasser un projet où le désintéressement était poussé jusqu'à l'héroïsme.

Il s'agissait d'obtenir de l'Espagne la cession du grand et beau pays qui a reçu depuis le nom de *Bolivie* ; de le rétrocéder à ses habitants, et de donner ainsi à la légitimité de son indépendance une base inébranlable. La France n'aurait retenu, en échange d'un si magnifique présent, que le droit de concourir à l'établissement du gouvernement libéral et prévoyant qui devait garantir la durée et la prospérité du nouvel État.

Il y avait dans cette conquête par abdication, dans cette politique qui marchait à l'accroissement du commerce, de la richesse et de la puissance de la France, par l'affranchissement des peuples, quelque chose de saisissant. Elle éteignait la guerre impie que se livraient avec acharnement, dans le Nouveau-Monde, les Espagnols d'Europe et les Espagnols d'Amérique. Elle contribuait à dissiper ces sombres défiances qui paralysaient l'emploi de nos forces et de nos ressources. A l'aspect des sacrifices faits par le Gouvernement du Roi, pour assurer l'indépendance et la liberté d'une nation étrangère, aurait-on pu conserver quelque appréhension fondée pour le maintien des institutions constitutionnelles du pays? Enfin, une nouvelle impulsion n'aurait-elle pas été donnée au commerce par ce grand événement, et le travail national n'en aurait-il pas reçu un rapide accroissement?

Cet admirable plan n'était autre chose que le rêve d'un homme de bien. Il surprit par ce qu'il avait de singulier et d'inattendu. Mais on rechercha jusqu'à quel point il pouvait être exécutable. Malheureusement on reconnut qu'il était impossible d'amener l'Espagne à des concessions de cette nature. Elle n'avait pas encore mesuré toute la distance qui la sépare de la monarchie de Charles-Quint et de son génie; elle aurait considéré une telle proposition comme une injure et même une hostilité.

Après s'être occupé des officiers, M. Portal s'occupa des matelots; la navigation commerciale languissait, l'inscription maritime reposait sur des

bases mal assurées. Deux moyens s'offraient à lui :
le recrutement des matelots par la voie de la con-
scription et la formation d'un corps de mousses.
Sa vieille expérience d'armateur le portait à pré-
férer ce dernier système. Il aurait voulu que le
Gouvernement fût autorisé, par une loi, à conclure,
avec les familles, des contrats d'engagement au
moyen desquels des enfants de douze à quinze ans
seraient obligés de servir l'État, dans la marine,
pendant dix à douze ans. On aurait créé, dans les
ports militaires et dans les principaux ports de
commerce, des écoles où ces enfants auraient fait
leur apprentissage. Embarqués plus tard soit à
bord des navires de l'État soit sur des navires de
commerce, ils auraient successivement passé de
l'état de *mousse* à l'état de *novice*, et enfin de l'état
de *novice* à l'état de *matelots de troisième classe.*

On aurait formé ainsi un corps permanent de
dix mille matelots, qui serait devenu le noyau des
vingt ou trente mille hommes que fournit l'inscription maritime et qui leur aurait communiqué
son esprit et ses habitudes. Le temps manqua à
M. Portal pour faire comprendre les avantages de
son système. Les choses restèrent telles qu'elles
étaient. M. Portal l'a sincèrement regretté, il lui
a toujours semblé que l'expérience avait prononcé
en sa faveur. Selon lui les jeunes soldats sont peu
propres à faire des hommes de mer, ils servent
et se battent bien, mais on ne trouve point en
eux le caractère à la fois fier et insouciant du véritable matelot, qui se tient pour invincible et porte
dans le combat une obstination, une soif de la

victoire, indispensables au succès quand on lutte à la fois contre les hommes et les éléments.

. Il faut lire dans les Mémoires de M. Portal l'esquisse d'une institution qui n'avait pas seulement pour but le rajeunissement de notre marine militaire, mais la régénération de notre navigation marchande. Tous les ans le commerce aurait reçu un renfort de plusieurs mille matelots, jeunes, bien exercés, exclusivement voués au service de la mer; les équipages des bâtiments de commerce, moins nombreux et mieux payés, auraient moins coûté. L'abaissement du fret aurait facilité la vente des produits de notre sol et de notre industrie, et réalisé cette navigation à bon marché, qui n'est pas seulement utile à l'industrie maritime, mais qui se lie de la manière la plus intime au travail et au bien-être de la population intérieure. Toutefois il est souvent dans la destinée des hommes d'État les plus distingués de voir le bien et de ne pouvoir le faire : leurs vues ne sont pour cela ni perdues ni stériles, elles demeurent et se transmettent : dans un moment opportun, d'autres plus heureux les mettent à exécution.

Lorsqu'à la fin de 1819, la première combinaison ministérielle dont M. le baron Portal avait fait partie fut dissoute, il se trouva compris dans le Cabinet nouveau qui se proposait de tenir la balance égale entre tous, et se flattait de maintenir la monarchie constitutionnelle sans en *exagérer les conditions dans un sens ou dans un autre* (1).

---

(1) Expressions de M. Portal.

Le Ministère était à peine formé, lorsque le dé-
testable assassinat du duc de Berry devint l'arme
odieuse que ne craignit pas d'employer, pour s'em-
parer du pouvoir, un parti qui confondait dans sa
haine les justes et légitimes conquêtes de la révo-
lution, et les excès et les crimes qui l'avaient souillée.
Son emportement le trahit; il n'obtint que quelques changements de personnes. Le duc de Richelieu
remplaça M. le duc Décazes : le système politique ne
subit aucune modification profonde. M. Portal voulut se retirer; M. de Richelieu le retint.

L'histoire appréciera un jour la politique pru-
dente, impartiale et honorable d'un Cabinet aux
travaux duquel je m'honore d'avoir été associé; elle
redira aussi l'aveuglement des partis; je n'ai à vous
entretenir que de M. Portal : sa conduite fut con-
forme à ses principes. Le triomphe de la monarchie
constitutionnelle était son but. L'avénement au
pouvoir de ceux qui le redoutaient comme la perte
de leurs espérances aurait rouvert selon lui l'abîme
des révolutions.

Les progrès de l'esprit public le rassuraient contre les tendances contre-révolutionnaires. Il était
convaincu qu'en gagnant du temps, on atteindrait
l'époque où l'esprit des nouvelles institutions aurait tout pénétré. Deux moyens lui semblaient pra-
ticables pour atteindre ce but; rapprocher les
hommes influents de toutes les opinions, intéresser
tous les citoyens au maintien de l'ordre établi. Ce
dernier, le plus puissant à son gré, ne pouvait être
obtenu que par le développement du travail, l'ai-
sance des citoyens et la prospérité publique.

Les préoccupations politiques qui divisaient les esprits, étaient à ses yeux un élément de trouble qui, en perpétuant les amers ressentiments et les folles espérances, faisait obstacle à la stabilité des institutions. Il lui semblait utile de diriger l'attention publique vers les intérêts matériels, qui ont besoin pour prospérer de la concorde et de la paix. C'est dans cette vue qu'il appuya avec ardeur l'idée d'un plan de canalisation générale du Royaume, qui devait relier entre eux tous les départements. L'état obéré du Trésor, loin de l'intimider, l'excitait à presser l'adoption de cette grande mesure. La France, sans confiance dans l'avenir, se livrait au travail sans énergie; il était du devoir du Gouvernement de prouver à tous qu'il avait foi pleine et entière dans les destinées du pays. Une grande entreprise nationale, utile à tous les points du territoire, pouvait rendre le mouvement et la vie au monde des affaires. M. Portal s'y associa de tout son pouvoir. Les bons effets de cette entreprise se firent bientôt sentir.

L'industrie se ranimait et les spéculations revenaient avec la confiance; mais au cœur du Gouvernement une sourde et constante opposition au développement des principes constitutionnels entretenait un principe réel de dissolution dont il importait de prévenir les progrès. On avait pu croire un instant que parmi les hommes qui entravaient systématiquement la marche du Ministère, et qui contrecarraient toutes ses opérations, il y en avait qui se méprenaient sur ses intentions, sur ses projets et ses alliances. Une tentative fut faite dans le but de les détromper. Deux hommes d'État appartenant à cette opposition systématique furent introduits dans le conseil. M. le baron Portal, dans un esprit de conciliation et de droiture, avait été favorable à cet expédient qui fut et qui devait être sans effet. Ce que les partis demandent, ce n'est pas qu'on leur démontre la pureté des intentions et la justesse des vues de ceux qui ne partagent pas leurs passions, une telle démonstration leur serait importune; ce qu'ils veulent, c'est la domination, la domination sans partage. M. le baron Portal s'en convainquit à regret.

Les révolutions de la Péninsule, de Naples, de Piémont, avertissements salutaires, et symptômes menaçants du progrès des idées, des doctrines et des mœurs, accroissaient l'aveuglement de ceux qui auraient dû en profiter : ils ne voyaient ou ne prétendaient voir dans ces événements que les résultats d'une politique faible ou complaisante. M. Portal se persuada alors qu'une dernière épreuve restait à faire. Après avoir associé à la marche du Gouvernement des hommes de l'opinion opposée, il crut qu'on désarmerait, peut-être, ceux qui les proclamaient leurs représentants, en admettant ces mêmes hommes au partage du pouvoir. Il fallait pour cela disposer d'un portefeuille. M. Portal, toujours prêt à faire bon marché du sien dans l'intérêt de l'État et de son repos, fut autorisé à l'offrir; l'offre ne fut pas acceptée. Les partis n'admettent pas le partage du pouvoir ; il leur faut tout ou rien. Ils ne s'associent pour régner en commun qu'à la condition tacite de régner seuls le plus tôt possible. Les coalitions sont des armistices pendant lesquels chacun répare ses pertes, enterre ses morts, et renouvelle ses forces; il est bien entendu que c'est pour reprendre les hostilités en temps opportun.

Le Roi Louis XVIII, qui avait autorisé la démarche de M. Portal, en avait prévu l'inutilité : « Allez, lui avait-il dit, vous ne réussirez pas; mais « je ne suis pas fâché que vous ayez l'honneur « d'une si rare démarche. »

Le 14 décembre 1821, M. Portal se retira, avec le Ministère dont il faisait partie, devant une nouvelle administration destinée à pratiquer une autre politique, la politique d'un autre règne ; il fut presque aussitôt élevé à la Pairie. Grand'croix de l'Ordre royal de la Légion-d'honneur en 1828, il avait reçu la plus grande distinction que la Couronne puisse accorder.

Dans cette Chambre, on l'appela dans toutes les commissions dont les travaux se rapportaient aux intérêts commerciaux ou maritimes de l'État, ou qui devaient traiter des questions de haute administration, de crédit public et d'économie politique.

La répression de la baraterie et de la piraterie, la substitution de l'entrepôt réel des grains étrangers à l'entrepôt fictif, la répartition de l'indemnité des anciens colons de Saint-Domingue, la réforme de la contrainte par corps, la réélection des Députés promus à des fonctions publiques salariées, la caisse des invalides de la marine, l'office et l'emploi de l'amortissement, la substitution du régime des tarifs à celui des prohibitions, et la substitution graduelle d'un régime de liberté relative, plus ou moins limitée, au régime des tarifs, la question des fers, celle des sucres, celle des houilles, attirèrent successivement son attention, et devinrent le sujet de travaux importants dont il enrichit les discussions de la Chambre.

Il se vit contraint, en 1837, de renoncer aux travaux de la législature.

Il est des infirmités qui, loin d'affaiblir la force de l'intelligence, semblent la développer; elles imposent la retraite et le recueillement, elles sont favorables à ces profondes et sérieuses méditations qui ajoutent, je ne sais quoi d'achevé, aux pensées et aux discours des hommes distingués qu'elles affligent. Séparés des bruits du monde et du mouvement des affaires, ils rendent des oracles dans leur cercle intime, et c'est auprès d'eux que l'on vient adorer l'écho durant la tempête. Telle fut la destinée de M. le baron Portal; déjà depuis plusieurs années, il était obligé d'emprunter des voix amies pour faire entendre dans cette enceinte les discours qu'il avait composés dans le silence du cabinet; et dès cette époque se succédaient autour de lui, les hommes les plus distingués de toutes les nuances politiques, tels que les Martignac, les Casimir Périer, les Siméon, les Rayneval, les Mounier, les Royer-Collard, pour n'indiquer que ceux qui ne sont plus; ils venaient, dans les entretiens de M. Portal, recueillir des appréciations exactes, des vues lumineuses, les résultats d'une expérience consommée et d'une observation constamment guidée par un véritable esprit philosophique.

Plus tard, il quitta Paris; sa santé l'appelait à Bordeaux et ses affaires l'y retinrent.

Il fallait le voir dans sa retraite de Blanquefort, entouré de ses enfants et de ses petits-enfants, assis comme un patriarche, à l'ombre de quelques vieux arbres, jouissant du doux commerce de l'amitié et recueillant les bénédictions que la Providence se plaît à répandre, à la fin de ses jours, sur le père de famille, fidèle observateur de ses devoirs. Entouré de la vénération et de l'amour de ses compatriotes, il était visité par tous ceux qui, en traversant une belle contrée, ne poursuivent pas uniquement de vaines émotions, et recherchent avec une noble curiosité les hommes remarquables qui l'ont illustrée.

Il recevait ces voyageurs intelligents avec une cordiale simplicité. Son accueil affectueux, l'accent naturel de sa parole ferme et précise, la netteté de ses idées, le tour original de ses discours, leur laissait un long souvenir d'une trop courte visite.

Il eut la douleur de perdre un frère qu'il avait tendrement aimé, et qu'une longue et cruelle maladie avait arraché depuis longtemps à la direction d'une grande maison de commerce. M. le baron Portal, séparé depuis si longtemps de ce genre d'occupation, s'y remit dans un intérêt qui n'était pas le sien, et ses dernières années furent employées à l'accomplissement d'un acte de haute vertu. Il achevait à peine cette œuvre honorable quand il cessa de vivre, le 11 janvier 1845, laissant après lui un nom justement vénéré. La ville de

Bordeaux ressentit sa mort comme un deuil public ; un concours nombreux de citoyens s'unit à sa famille pour lui rendre les honneurs funèbres ; les regrets de la cité ont trouvé d'éloquents interprètes, et les plus honorables témoignages de considération et de respect l'accompagnèrent dans la tombe.

L'esprit des affaires qui caractérise les habiles administrateurs est indispensable aux hommes d'État ; le baron Portal l'a possédé au plus haut degré.

L'homme d'affaires n'est pas nécessairement un homme d'État ; le véritable homme d'État est un homme d'affaires éminent. C'est l'homme des grandes affaires, des plus grandes affaires : l'homme d'affaires élevé à sa plus haute puissance. Les affaires grandissent avec les intérêts ; elles se compliquent à mesure que ceux-ci se multiplient ; il faut alors voir de plus haut et de plus loin pour les conduire. Les esprits élevés sont seuls habiles à les manier avec supériorité ; sans perdre de vue l'ensemble ils savent saisir les détails : ils n'y descendent point, ils les élèvent jusqu'à eux ; ils ne se laissent point éblouir par leur multitude, ils la dominent et l'éclairent.

La vie du baron Portal ne présente aucune de ces péripéties qui ont agité si violemment la vie de plusieurs de ses illustres contemporains ; elle s'est écoulée comme un fleuve limpide qui roule ses eaux bienfaisantes au travers d'une contrée qu'ont tourmentée les convulsions de la nature, sans que son cours en ait été troublé.

Il a tracé lui-même dans ses Mémoires l'histoire de ses pensées, de ses opinions politiques; il y a consigné avec candeur et naïveté les motifs de ses résolutions et de ses jugements. Nous en avons usé pour le rendre présent à vos yeux ; nous leur avons emprunté ce qui nous semblait le plus propre à retracer la physionomie de son âme. Nous voudrions pouvoir en extraire ses maximes d'administration et de gouvernement, afin de faire mieux comprendre combien il aimait son pays, comment il entendait l'honneur et les intérêts de la France, et quels sont ses titres à la reconnaissance et à l'estime de ses concitoyens.

On le verrait conseiller sans cesse au Gouvernement, de faciliter toutes les grandes entreprises qui ne peuvent être accomplies que par l'État, et de rendre ainsi toujours présente à la France la confiance qu'elle doit avoir dans son climat, dans son industrie, dans son avenir. On serait touché de l'entendre, avec une profonde persuasion, avertir les citoyens que notre force est tout entière dans la bonne intelligence du pays et de son Gouvernement, et dans une profonde sécurité sur le maintien des institutions qui assurent sa prospérité. Enfin, quel ami sincère de la patrie et de l'humanité l'entendrait sans émotion proclamer que la France n'est naturellement en état d'hostilité avec aucun peuple : que désormais la guerre ne saurait être légitime si la cause n'en est juste et nationale; que nous devons l'exemple aux nations, et que si nous savons être sages, prévoyants et habiles, en devenant riches et puissants, nous avancerons, comme elle doit l'être, l'œuvre de la civilisation universelle ?

Négociant, M. Portal fut l'habile interprète des besoins du commerce ; ministre éclairé, il devint le restaurateur de notre armée navale : il fit régner l'équité dans les règlements, et assura aux règlements leur autorité ; dans les conseils, la solidité de sa raison, un heureux don de persuader, une dignité naturelle, une inaltérable aménité lui acquirent une haute influence. Homme privé, ses vertus, son affabilité, sa noble et confiante bonhomie lui valurent de nombreux et de constants amis.

Durant le cours d'une longue carrière, une compagne digne de lui l'avait soutenu et encouragé. Dévouée à ses devoirs, elle s'associait à tous ses sentiments, à toutes ses convictions. Elle partageait fidèlement sa fortune adverse ou prospère. Elle eut le malheur de lui survivre, la piété filiale lui prodiguait les seules consolations qu'elle pût accepter, mais sa tâche était accomplie. Au commencement de cette année, entourée de ses enfants, elle s'est éteinte en les bénissant. Ils vivent pour perpétuer les traditions de vertu, d'honneur, de sagesse, de lumières dont M. le baron Portal leur a transmis le dépôt. Son fils, héritier de la gravité de sa pensée, de son zèle pour le bien public, après s'être appliqué avec succès à l'étude des lettres et des sciences historiques, suit honorablement une carrière publique qui le ramènera sans doute un jour au milieu de vous. Ses deux beaux-frères (1), les deux

---

(1) M. le marquis d'Audiffret, président à la Cour des comptes, et M. le marquis d'Escayrac de Lauture.

gendres de M. Portal, y siégent déjà. L'un d'eux, revêtu d'une haute magistrature, exerce dans vos délibérations, sur les grands objets qui firent plus particulièrement le sujet des études de M. Portal, une autorité qui est due à la supériorité de son esprit et à d'utiles et longs travaux; l'autre, après avoir longtemps représenté dans une autre enceinte, une contrée où son nom est en honneur depuis des siècles, donne parmi nous l'exemple de l'assiduité et du zèle. Un esprit fin et délicat, la distinction de ses manières et l'élévation de ses sentiments le rendent agréable à tous, et, particulièrement cher à tous ceux qui l'approchent.

CRAPELET, IMPRIMEUR DE LA CHAMBRE DES PAIRS,
rue de Vaugirard, 9.

www.ingramcontent.com/pod-product-compliance
Ingram Content Group UK Ltd.
Pitfield, Milton Keynes, MK11 3LW, UK
UKHW021149140726
13695UKWH00005B/2028